Vente du Mercredi 19 Mai 1909

HOTEL DROUOT — SALLE N° 9

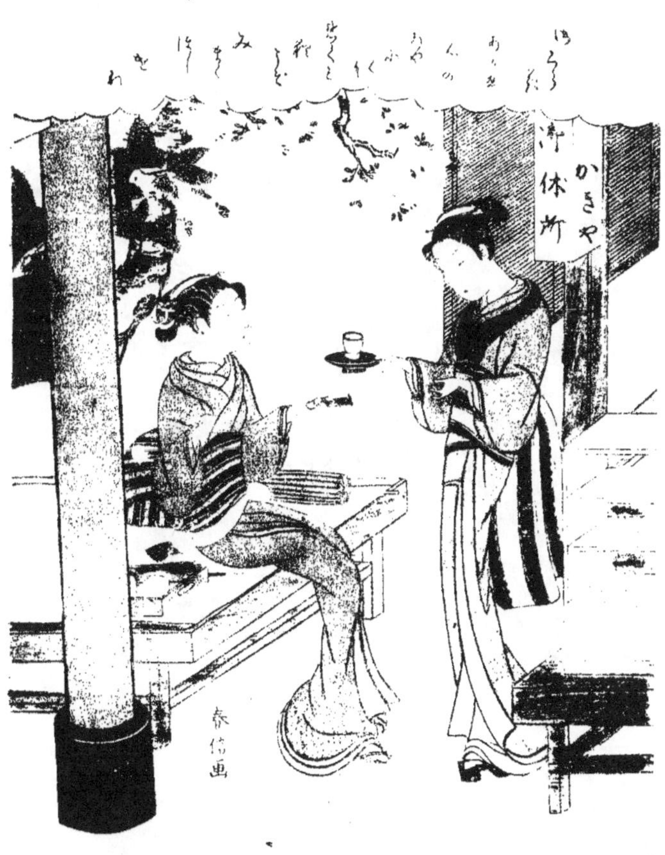

N° 6 du Catalogue.

ESTAMPES ET DESSINS JAPONAIS

M° ANDRÉ DESVOUGES
26, Rue de la Grange

M. LOYS DELTEIL
2, Rue des Beaux-Arts

IMPRIMERIE

FRAZIER-SOYE

153-155-157, Rue Montmartre

PARIS

CATALOGUE

DES

ESTAMPES

ET

Dessins Japonais

—

Dont la vente aura lieu

à Paris, HOTEL DROUOT, Salle Nᵒ 9

Le Mercredi 19 Mai 1909

à 2 heures précises

—

Par le Ministère de Mᵉ ANDRÉ DESVOUGES

COMMISSAIRE-PRISEUR

26, Rue de la Grange-Batelière

Assisté de M. LOYS DELTEIL, Artiste-Graveur, Expert

2, Rue des Beaux-Arts

CONDITIONS DE LA VENTE

Elle sera faite au comptant.

Les adjudicataires paieront *dix pour cent* en sus des enchères.

M. Loys Delteil remplira les commissions que voudront bien lui confier les amateurs ne pouvant y assister.

MM. les amateurs pourront visiter la collection, 2, *rue des Beaux-Arts*, les Lundi 17 et Mardi 18 Mai 1900, de 2 heures à 5 heures.

DÉSIGNATION

HARUNOBOU

1. La Fileuse.
2. Promenade par un temps de neige.
3. L'Étude des plantes.
4. La Croisée.
5. Marchande d'écrans.
6. Gros homme entrant dans l'eau, suivi d'une Femme.
7. Femme soignant des arbustes sous la neige.
8. Jeune Femme se retournant vers une fillette endormie au seuil d'une maison.
9. La Colation.
10. Animal fantastique s'échappant d'une coupe tenue par une femme.

MASSANOBU — YEISHAN, etc.

11. Sujets divers. Cinq pièces, format nagayé.

SHUNSHO

12. Acteurs. Trois pièces.

SHUNYEI   SHUNTEI

13. Lutteurs. Deux pièces.

SHUNKO

14. Acteurs. Triptyque.

SHUNSEN

15. Les Pêcheurs.

KIYONAGA

16. Fillette s'apprêtant à dessiner.
17. Sujets divers. Deux pièces.
18. Sujets de Musiciens. Deux pièces.
19. Sujets de genre. Deux pièces.

TOYOKOUNI

20. Six Femmes près d'une terrasse au bord de l'eau.
21. Femme et fillette portant des présents.
22. Promenade par un temps de neige. Encadrée.
23. Un acteur. Encadré.
24. Acteurs et scènes d'acteurs. Trois pièces.
25. Sujets divers. Six pièces.
26. Sujets divers. Six pièces.
27. Sujets divers. Sept pièces.
28. Sujets divers. Sept pièces et deux diptyques.
29. Les 100 jolies Femmes, 41 pl. montées en album.

KITAO-MASA-YOSHI

29 *bis*. Oiseau s'apprêtant à quitter un cerisier fleuri.
29 *ter*. Deux oiseaux sur un gros arbre à graines.

SHUNTCHO

30. Composition érotique.

OUTAMARO

TSUKIMARO

YEICHI

YEIZAN

50. Le Concert. Triptyque.

51. Promenade au printemps. Triptyque.

52. Scène de genre. Triptyque.

53. Sujets divers. Sept pièces.

54. Sujets divers. Sept pièces.

55. Sujets divers. Huit pièces.

56. Sujets divers. Huit pièces.

57. Sujets divers. Huit pièces.

58. Compositions érotiques. Douze pièces.

SOURIMONOS

59. Sujets divers. — Natures mortes. Vingt pièces.

60. Sujets divers et Natures Mortes. 25 pièces.

HOK'SAI

61. Histoire des 47 Ronins. Série complète des 12 pièces. Collection Hayashi.

62. Le Pêcheur (Pic Fouji).

63. Les Cigognes (Pic Fouji).

64. Oiseau volant vers des fleurs d'hortensia.

65. Les Ponts célèbres, 2 pièces — Pic Fouji, 1 pl. Trois pièces, encadrées.

66. Promenade en barque — La Palissade. Deux Sourimonos. Collection Hayashi.

67. Scènes diverses. Trois sourimonos.

68. Scènes diverses. Trois sourimonos.

HOK'SAI, KOUNISADA, etc.

69. Cinq Albums érotiques.

HOKKEI

70. Femme jouant de la musique. Sourimono.
71. Femme se coiffant. Sourimono.
72. Un Sourimono.
73. Un Sourimono.
74. Deux Sourimonos.
75. Trois Sourimonos.
76. Trois Sourimonos.
77. Femme jouant de la musique — Femme tirant de l'arc. Deux Sourimonos.

YEISEN

78. Sujets divers. Neuf pièces.
79. Sujets divers. Neuf pièces.
80. Sujets divers. Dix pièces.
81. Histoire des 47 Ronins. 11 pièces montées en album.

KOUNISADA

82. Danseuses. Triptyque.
83. Sujets divers.

KOUNISADA — HIROCHIGHE

84. Les 53 stations du Tokaido. 50 pl., montées en album.

KUNINAO

85. Un Sourimono.

HIROCHIGHÉ

86. Le Grand Tokaïdo, 55 pl. montées en album.
87. Grand Tokaïdo. Deux pièces.
88. Grand Tokaïdo. Cinq pièces.
89. Grand Tokaïdo. Six pièces.
90. Grand Tokaïdo. Treize pièces, encadrées.
91. Paysages (en hauteur). Cinq pièces, encadrées.
92. Paon sur un arbre.
93. Nature morte.
94. Poisson et coquillages.
95. Paysages en hauteur. Douze pièces.
96. Paysages en hauteur. Douze pièces.
97. Paysages en hauteur. Douze pièces.
98. Paysages en hauteur. Douze pièces.
99. Paysages en hauteur. Douze pièces.
100. Paysages. Quinze pièces.
101. Grand Tokaïdo et vues diverses. Douze pièces.

HIROCHIGHÉ   OUTAMARO

102. Scène de genre — Fleurs — Cascade. Quatre pièces.

KIYOMINE

103. Sujets divers. Huit pièces.
104. Deux Femmes en buste.

YESHAN, YESHI, HIROCHIGHÉ, etc.

105. Femme allaitant un enfant. — Femme écrivant. Deux pièces.

106. Femme se drapant. — La Lutte. Deux pièces.

107. Sujets divers. Trois triptyques et trois diptyques.

107 *bis*. Sujets divers. Cinq pièces par Yesho, Shunko, etc.

108. Femmes et acteurs en pied. Cinquante pl. de format nagayé, montées en album.

109. Compositions érotiques, 7 pl. montées en album.

110. Sujets divers. Quatorze pièces par Outamaro, Kounisada, Shunsen, etc.

111. Sujets divers. Huit pièces par Kiyonaga, Shunsen, Yeishen, etc.

112. Sujets divers. Neuf pièces par Shunsho, Kounisada, etc.

113. Sujets divers. Cinq pièces japonaises et une chinoise.

114. Sujets divers. Cinq pièces par Shunsho, Toyo-Kouni et Yeshan.

115. Sujets divers. Cinq pièces par Sukenobou, Hok'saï, Komiyochi, etc.

116. Dix albums.

117. Sujets divers. 14 pièces par Outamaro et autres.

118. Sous ce numéro, il sera vendu, par lots, un certain nombre d'estampes japonaises.

MAKIEMONOS

119. Deux makiemonos érotiques.

120. Les Bords d'une rivière, makiemono par Maronobu.

KAKIEMONOS

121. Jeune Femme rajustant sa coiffure.

122. Jeune Femme en promenade.

123. Jeune Femme tenant un chat

124. Jeune Femme jouant avec un chat, par Shighénobu.

125. Deux Guerriers combattant.

126. Temple de Bouddha, motif entouré de diverses
scènes. Kakiemono chinois.

127. Sujet allégorique.

POCHOIRS

128. Pochoirs japonais. Seize pièces. Seront divisées.

PARAVENT

129. Guerrier poursuivant un cavalier qui traverse une
rivière. Paravent ancien à deux feuilles sur
fond or, monture ancienne. H. 1^{m}70. L. 1.80.

DESSINS

ANONYME (xix' stècle)

130. Scènes de genre. Deux aquarelles.

131. Arrangements de Fleurs. Quinze dessins.

KIRATÉÏ

132. Volubilis. Peinture montée sur soie ancienne.

SHOSEN

133. Deux Grues. Peinture montée sur soie ancienne.

DIVERS

134. Sujets divers, Chevaux; Paysages. 20 dessins.

Imp. FRAZIER-SOYE, 153-157, rue Montmartre.